घाट हज़ारों इस दरिया के

ज्ञानप्रकाश विवेक

वाणी प्रकाशन

वाणी प्रकाशन

4695, 21-ए, दरियागंज, नयी दिल्ली 110 002

शाखा

अशोक राजपथ, पटना 800 004

फ़ोन : +91 11 23273167 फ़ैक्स : +91 11 23275710

www.vaniprakashan.in
vaniprakashan@gmail.com
sales@vaniprakashan.in

GHAT HAZARON IS DARIYA KE
by Gyanprakash Vivek

ISBN : 978-93-87330-92-4
Ghazals

प्रथम संस्करण

मूल्य : ₹ 200

सिटी प्रेस, दिल्ली-110 095 में मुद्रित

वाणी प्रकाशन का लोगो मक़बूल फ़िदा हुसेन की कूची से

भूमिका

ग़ज़ल एक पेचीदा सिन्फ़ है। लेकिन कोई अव्यक्त-सी ज़िद है जो मुझे ग़ज़ल लिखने के लिए प्रेरित करती है। ग़ज़ल लिखना मुझे किसी जुनूनी अदीब को अपने अन्दर पैदा करने जैसा लगता है।

मैं पिछले पैंतीस-चालीस सालों से ग़ज़लें लिख रहा हूँ। हर नयी ग़ज़ल लिखते हुए मुझे ऐसा महसूस होता है, जैसे यह मेरी पहली रचना है। ग़ज़ल लिखने का रोमांच होता है और अच्छे शेर न हो पाने की ख़लिश भी। किसी अच्छी ग़ज़ल का हो जाना ऐसे लगता है, जैसे कोई सालाना इम्तिहान पास किया हो।

मुझे हमेशा यही लगता रहा है कि ग़ज़ल लिखते हुए नुकीली एकाग्रता किसी अनिवार्य तत्त्व की तरह मौजूद रहती है। ग़ज़ल लिखना किसी ध्यान यात्रा की तरह होता है।

ग़ज़ल जैसी सिन्फ़ की एक विशेषता यह भी है कि इसे हम दिमाग़ से नहीं, दिल से लिखते हैं। ग़ज़ल में शब्दों का अपना रुतबा होता है तो ख़ामोशी का अपना। बोलते हुए शब्दों में, 'ज़ोन ऑफ़ साइलेंस' की भी जगह होती है। बेशक होती है।

ग़ज़ल में सारा खेल भावनाओं का होता है। इसलिए ग़ज़ल का हर शेर, पढ़ने-सुनने के अतिरिक्त, महसूस करने के लिए भी आमन्त्रित करता है।

ग़ज़ल का यह सौन्दर्य है कि साधारण रूप से सोची गयी बात ग़ज़ल के शेर में जब व्यक्त होती है तो असाधारण हो जाती है। यह ग़ज़ल जैसी विधा की शक्ति है कि इसका सशक्त शेर सम्पूर्ण कविता जैसा प्रभाव पैदा करने में सक्षम होता है।

मेरी हमेशा कोशिश रही है कि अपनी बात ग़ज़ल में व्यक्त करूँ तो कुछ नये अन्दाज़ में तथा गहरे भावबोध के साथ और पुरानी ज़मीनों को तोड़ते हुए करूँ। नये प्रतीकों, रूपकों, उपमाओं और उपमानों के ज़रिए, एक ख़ास शैली विकसित करूँ तथा ग़ज़ल में रहकर एक ख़ास तरह की ग़ज़ल भाषा का भी निर्माण करूँ।

मेरी ग़ज़लों में नये समय का समाज साँस लेता प्रतीत होता है। बिल्कुल वहीं, गुज़िश्ता वक़्तों की स्मृतियों को मैंने अपनी ग़ज़लों में ज़िन्दा रखने की कोशिश की है। इन ग़ज़लों में समाज के उस निरीह और बेकस मनुष्य के प्रति गहरी सद्‌भावनाएँ हैं जो अपने ही समाज में डरा-सहमा और अकेला है। इतना अकेला, जैसे रेलवे स्टेशन का आउटर सिग्नल!

मेरी ग़ज़लों में बदलते जीवन-मूल्यों और टूटते-बिखरते रिश्तों की मार्मिक ध्वनियाँ सुनी जा सकती हैं। मेरी इन ग़ज़लों में मिट्टी का दीया बार-बार आता है, जो प्रकाश का प्रतीक है। ये ग़ज़लें, अँधेरों में प्रकाश की खोज हैं।

इन ग़ज़लों में ज़िन्दगी की पद्‌चाप है और मनुष्यता का राग!

–ज्ञानप्रकाश विवेक

1875, सेक्टर-6
बहादुरगढ़-124507 (हरियाणा)
मोबाइल : 9813491654

अनुक्रम

ये आपका सत्कार मुझे अच्छा लगा है
सदा-सा नमस्कार मुझे अच्छा लगा है

भर आयें जो आँखें तो लगता है ठहाके
यारो, वो अदाकार मुझे अच्छा लगा है

मिट्टी के दीये! हार गया है तू हवा से
लेकिन तेरा तक़रार मुझे अच्छा लगा है

मिलते हैं अदब से यहाँ काँटे भी सभी से
यारो, ये चमनज़ार मुझे अच्छा लगा है

प्यासों के लिए दूर से लाता है जो पानी
उस शख़्स का किरदार मुझे अच्छा लगा है

लाये हो मेरे वास्ते झोली में दुआएँ
ये आपका उपहार मुझे अच्छा लगा है

बैठा रहा दिन भर मेरे कमरे में परिन्दा
कुछ इसलिए इतवार मुझे अच्छा लगा है

वो आफ़ताब भी कितने कमाल रखता है
कि अपनी धूप के अन्दर सवाल रखता है

गुज़ारता है वो फ़ाकाकशी पे दिन लेकिन
हर आदमी के लिए ख़ुशख़्याल रखता है

वो अपने खेत तो रख आया है रहन यारो!
पर अपने घर में हमेशा कुदाल रखता है

हमारे दौर का यारो अदबशनास है वो!
कि अपनी बात में लफ़्ज़ों का जाल रखता है

वो जब से ग़र्द के मारे शहर में आया है
हमेशा जेब के अन्दर रूमाल रखता है

जवाब गालियों का वो कभी नहीं देता
ग़रीब आदमी लेकिन मलाल रखता है

अभी ज़मीन है मेरी न ये गगन अपना
कभी तो ढूँढ़ के लाऊँगा मैं चमन अपना

तमाम शह्र में चिंगारियाँ टहलती हैं
बताओ, रक्खूँ कहाँ मोम का बदन अपना

ऐ ज़िन्दगी! मेरी ज़िन्दादिली तो देख ज़रा
ख़रीद लाया हूँ बाज़ार से कफ़न अपना

उदास करती है यारो हवा की बात यही
कि इस जहान में उसका नहीं वतन अपना

पराये धन की तरह सुख मुझे लगा यारो
मगर ये दर्द तो लगता है मूलधन अपना

भटक रहा हूँ फ़कीरों की तरह दुनिया में
कहीं पे छोड़ के आया हूँ जबसे मन अपना

कितनी दफ़ा जला हूँ कितनी दफ़ा बुझा हूँ
मेरा क़ुसूर ये है मिट्टी का इक दिया हूँ

इक्कीसवीं सदी के साँचे में ढल गया हूँ
पानी की गुमटियों पे मैं रेत बेचता हूँ

वो नीम की निबोरी लेकर चला गया है
मैं टॉफ़ियाँ उठाकर जिसके लिए खड़ा हूँ

क्या जाने बिक भी जायें मिट्टी के ये खिलौने
मैं आपके नगर में दोबारा आ गया हूँ

तुम अपने घर के सारे दरवाज़े बन्द कर लो
मैं ख़ाली हाथ घर से बनवास जा रहा हूँ

मालूम है मैं इसको भर न सकूँगा, फिर भी
मिट्टी की एक छोटी गुल्लक बना रहा हूँ

काटी है उम्र मैंने अपने अँधेरे घर में
इस तेज़ रोशनी से यारो डरा हुआ हूँ

आया हूँ बड़ी दूर से सामान उठा कर
मैं हाँफ़ रहा हूँ तू ज़रा देख तो आ कर

मुमकिन है कि आ जाये कोई दोस्त अचानक
तू इसलिए इतवार के दिन घर में रहा कर

सहमा हुआ बैठा है शजर पे जो परिन्दा
आया है शिकारी से अभी जान बचा कर

पलभर में चली जायेगी ये आख़री गाड़ी
तू बेंच पे बैठा है मगर पीठ टिका कर

मिट्टी के चराग़ों को सताती है तू कितना
ऐ तेज़ हवा, थोड़ा सलीके से रहा कर

वो बीजगणित की तरह लगता है सभी को
जीवन को जो रखता रहा लैजर-सा बना कर

मैं शाख़ से टूटे हुए पत्ते की तरह हूँ
आ जाऊँ न पैरों के तले इतनी दुआ कर

वो तुझको बताएगा सफ़र कैसे कटा है
काँधे पे जो चलता रहा चट्टान उठा कर

इक मैं हूँ कि महफ़िल में किसी बुत-सा खड़ा हूँ
इक तू है कि आया है बहुत शोर मचा कर

पुराने वक़्त का मेरा बदन सजेगा
तुम्हारा सूट नया है मुझे फबेगा नहीं

खड़ा हुआ हूँ मैं लेकर उसूल का सिक्का
मैं जानता हूँ ये बाज़ार में चलेगा नहीं

सभी मुसाफ़िरों ने 'बुक' करा लिए होटल
मेरी सराय में अब कोई भी रुकेगा नहीं

ज़मीर जैसी किसी शय की बात मत कीजे
वो फ़्यूज़ बल्ब है अब तो कहीं जलेगा नहीं

तमाम शहर में जिस आदमी का रुतबा है
चलेगा साथ वो, पर हमसफ़र बनेगा नहीं

सिपाहियों की इसी खींचतान में यारो!
तड़प रहा था जो इन्सान अब बचेगा नहीं

तमाम ज़िन्दगी का दर्द इसमें रक्खा है
ये सूटकेस तेरे हाथ से उठेगा नहीं

इस कदर आपके बाज़ार ने भरमाया है
ज़िन्दा तितली को वो एलबम में सजा लाया है

वो जो रानी की तरह रहती थी मछली जल में
आपने रेत पे रख कर उसे तड़पाया है

देखता रहता है वो मॉल में रक्खी चीज़ें
तंगदस्ती ने हमेशा उसे तरसाया है

डर के मारे कोई बाहर नहीं आता यारो
एक क़ातिल है कि बस्ती में चला आया है

ऐसा लगता है कई रोज़ का भूखा होगा
जिसने पत्थर को भी रोटी की तरह खाया है

जिसको देखो वही फिरता है परीशां होकर
नयी तहज़ीब का ये भी कोई सरमाया है

तेरी मरज़ी है जहाँ चाहे बहा दे पानी
पर ज़रा-सा तू परिन्दों का बचा दे पानी

इसलिए झील में कुछ मैंने गिराए पत्थर
मेरी हसरत थी ज़रा शोर मचा दे पानी

उससे कहना कि वो रोये तो सँभलकर रोये
कहीं ऐसा न हो आँखों का गँवा दे पानी

दोस्तो! इसलिए बारिश से मैं डर जाता हूँ
मेरी बोसीदा इमारत न गिरा दे पानी

वो जो फिरता है कोई टूटी सुराही लेकर
मैं उसे कैसे कहूँ, मुझको पिला दे पानी

ज़िन्दगी! आग की तरह मुझे ज़िन्दा रखियो
कहीं ऐसा न हो तू मुझको बना दे पानी

सब मेरे दोस्त पुराने यूँ मिले हैं मुझसे
जैसे पानी में कोई शख़्स मिला दे पानी

मछलियाँ मैंने समन्दर की चुराईं यारो
कौन जाने कि मुझे कैसी सज़ा दे पानी

हमें निज़ाम ने क्या ज़िम्मेदारियाँ दी हैं
हमेशा ख़ाली ख़ज़ाने की चाबियाँ दी हैं

इलाही! तू ही बता, इनमें क्या उगाऊँ मैं
कि तूने मुझको यही चार क्यारियाँ दी हैं

अमनपसन्द रियाया के हाथ में अक्सर
हुक़ूमतों ने अदावत की आरियाँ दी हैं

ये रेडियो पे ख़बर आज ख़ुद सुनी मैंने
कि इक मशीन ने बच्चे को लोरियाँ दी हैं

गिरा गया है वो अपनी अँगूठियाँ यारो
न जाने किसने मेरे दर पे थपकियाँ दी हैं

हमारे दौर के माली को देखिए, जिसने
हमारे हाथ पे काग़ज़ की तितलियाँ दी हैं

किसी बच्चे का यारो झुनझुना था
जो मुझको रेलगाड़ी में मिला था

पुराने रेडियो जैसा पड़ा है
कभी घर में भी उसका दबदबा था

यक़ीनन वो कई दिन का था भूखा
मेरी रोटी उठाकर जो गया था

बहुत सहमी हुई सी खिड़कियाँ थीं
कि सारा घर बहुत रूठा हुआ था

यही अफ़सोस की ईमान था वो
कहीं पटरी पे लावारिस पड़ा था

वो सर्कस का कोई जोकर था यारो
लतीफ़ों के बिना जो हँस रहा था

वसीयत लिख रहे थे जिस पिता की
वो साँसों की रसीदें गिन रहा था

चलो तो पाँव के नीचे ज़रा नज़र रखना
कोई शगल है यहाँ राह में शरर रखना

तमाम रस्सियाँ मेरी चटख गयीं यारो!
बड़ा कठिन था हवाओं को बाँधकर रखना

खड़ा है दर पे कोई सर्द रात का मारा
तुम उसके हाथ पे थोड़ी-सी दोपहर रखना

कि एक जुगनू चला आया है मेरे घर तक
कहा था आपने रस्ते में हमसफ़र रखना

जहाँ खड़े हो वहाँ की ज़मीन चिकनी है
कि अपने पाँव को थोड़ा सँभालकर रखना

ये बात सीख के आया हूँ मैं दरख़्तों से
कि अपने घर में परिन्दों का एक घर रखना

तू रोज़ाना नयी पोशाक़ बदलने वाला
किसी लश्कर की तरह घर से निकलने वाला

जून की धूप में सौ बार खड़ा कर मुझको
मैं किसी बर्फ़ की तरह नहीं गलने वाला

सोचता हूँ कि उसे दोस्त बना लूँ वरना
ये बुरा वक़्त तो बिल्कुल नहीं टलने वाला

आओ, हम अपनी पतंगों को उतारें नीचे
बस, ज़रा देर में सूरज भी है ढलने वाला

आपने मोम के जूते तो दिये हैं मुझको
मैं मुसाफ़िर हूँ मगर धूप में चलने वाला

चल दिया लिखके वो दीवार पे नारे यारो!
हमने समझा उसे माहौल बदलने वाला

इस कदर आप न संकोच से बैठो यारो!
मेरे घर में ये तक़ल्लुफ़ नहीं चलने वाला

ऐ आसमान! तेरा आफ़ताब देखूँगा
ज़रूर मैं तेरी रौशन किताब देखूँगा

कभी जो मौत का मातम मनाएगी दुनिया
तो मैं नदी में मचलते हुबाब[1] देखूँगा

मैं अपनी छत पे खड़ा हूँ ये भावना लेकर
कि आसमान में उड़ते उक़ाब देखूँगा

गुलाब रख के मुझे दी जो भेंट में तूने
मैं आज फिर वो पुरानी किताब देखूँगा

हमारी दोस्ती का रंग इतना गाढ़ा है
कि अपने पाँव में तेरी जुराब देखूँगा

1. हुबाब—पानी का बुलबुला।

यही तो हुनर मेरे बाज़ार का था
वो शोकेस में दर्द को बेचता था

खनकते थे सिक्के मेरी जेब में जब
भिखारी मुझे एकटक देखता था

गये वक़्त की याद आती थी मुझको
मैं बूढ़े किवाड़ों को जब खोलता था

उसे ज़िन्दा रखने थे दीपक हवा में
वो अपने लहू से उन्हें सींचता था

मेरे चुपज़दा घर का सामान अक्सर
जहाँ बैठता, वो मुझे देखता था

वो बेघर था घर के बनाता था नक़्शे
लकीरें कई रेत पर खींचता था

ये दिल भी कोई एक गुम्बद था यारो
गुज़िश्ता समय हर घड़ी गूँजता था

ज़िन्दगी में कई त्योहार मनाये उसने
कच्ची मिट्टी के दिये रोज़ जलाये उसने

आप दिनभर रहा वो भूख से व्याकुल लेकिन
अपने बच्चों के लिए पैसे बचाये उसने

बैठने के लिए हम ढूँढ़ रहे थे कुर्सी
फ़र्श पर धूप के अख़बार बिछाये उसने

एक नादान-सा बालक मेरे तन्हा घर में
दफ़अतन आके कई रंग जमाये उसने

अपने अन्दर की बुराई से उसे लड़ना था
इसलिए काग़ज़ी रावण भी जलाये उसने

आसमाँ धूप हवा चाँद सितारे जुगनू
अपने घर में कई मेहमान बुलाये उसने

मेरी औक़ात का ऐ दोस्त शगूफ़ा न बना
कृष्ण बनता है तो बन, मुझको सुदामा न बना

ये हवाएँ कभी पत्थर भी उठा लेती हैं
अपना शीशे का मकाँ इतना भी अच्छा न बना

देख! टूटे हुए तारे से मुहब्बत मत कर
और गिरती हुई दीवार को अपना न बना

कोई पक्षी मेरे आँगन में न उतरे दिनभर
मेरे भगवान! मुझे इतना अकेला न बना

अपने ज़ख़्मों की नुमाइश तुझे करनी है तो कर
इल्तिजा है कि मेरे दुख का तमाशा न बना

जिस तिनके को लोगों ने बेकार कहा था
चिड़िया ने उसको अपना संसार कहा था

बाँट गया था अपने हिस्से की जो रोटी
भूखे लोगों ने उसको अवतार कहा था

मिटने की हद तक जलते थे दीप हमारे
इसीलिए हमने उनको ख़ुद्दार कहा था

बहुत बड़ी थी तेरी धन-दौलत की दुनिया
हमने उसको चाँदी की दीवार कहा था

दोस्त अचानक जिस दिन मेरे घर आये थे
मैंने उस दिन को अपना त्योहार कहा था

इसीलिए कुछ सूरज भी नाराज़ है तुझसे
धूप को तूने फटा हुआ अख़बार कहा था

जंग हुई तो पीठ दिखाकर भाग गया वो
लोगों ने जिसको अपना सरदार कहा था

चट्टान उसे देख के हैरत में पड़ी है
इक काँच की दीवार है बनठन के खड़ी है

ये सबसे बड़ा क़ीमती सामान है उसका
उस शख़्स के हाथों में जो टूटी-सी छड़ी है

ऐ दोस्त! न धमका मेरे मिट्टी के दीये को
माना कि तेरे पास सितारों की लड़ी है

आता नहीं इस शहर में कोई भी मुसाफ़िर
इक ख़ाली सराय है कि ख़ामोश खड़ी है

हर शख़्स यहाँ वक़्त का मारा है रफ़ीको!
हर शख़्स के हाथों में यहाँ बन्द घड़ी है

मैं कैसे उसे इश्क़ का अहसास कराऊँ
जो बीज गणित लेके मेरे पास खड़ी है

दरिया को मैं ज़रूर हराऊँगा एक दिन
कच्चे घड़े पे तैर के आऊँगा एक दिन

गिरवी पड़े हुए हैं मेरे पाँव दोस्तो!
फिर भी मैं तुमको चल के दिखाऊँगा एक दिन

कुछ टूट कर गिरे हैं सितारे ज़मीन पे
ज़र्रों में उनको ढूँढ़कर लाऊँगा एक दिन

आवाज़ मेरी छीन ली हुक्क़ाम ने तो क्या
मिलकर तुम्हारे साथ मैं गाऊँगा एक दिन

ऐ ज़िन्दगी! तू साथ मेरा दे तो ठीक है
वरना मैं तुझको छोड़ के जाऊँगा एक दिन

उम्मीद का है एक गुब्बारा फटा हुआ
तुम देखना, मैं उसको फुलाऊँगा एक दिन

क़िस्सागो का मत पूछो क्या करता है
माज़ी के वो ज़ख़्म कुरेदा करता है

कटी पतंगों से उसके याराने हैं
ख़ाली बादल का वो पीछा करता है

वेंटीलेटर पर रक्खी है नैतिकता!
कौन भला अब इसकी चिन्ता करता है

चमक-दमक का वो इतना शैदाई है
अपने घर को होटल जैसा करता है

ये दुनिया शीशे की दुनिया है यारो!
कुछ न कुछ तो रोज़ ही टूटा करता है

ऐसा भी होता है नर्म हवाओं से
कोई दीपक बात ज़ियादा करता है

बच्चे जब दूकान पे जाते हैं उसकी
यारो, वो सामान भी सस्ता करता है

बूढ़ा पेड़ समझ जाता है दुख उसका
जब कोई आवाज़ परिन्दा करता है

•

अब तो क़ातिल भी निडर लगता है
मुझको इस बात का डर लगता है

इतना ख़ामोश नगर है यारो!
किसी कर्फ़्यू का असर लगता है

अपने घर में हूँ सुरक्षित बेशक!
कोई खटका-सा मगर लगता है

कोई दस्तक नहीं देता इसपे
कितना बेचैन-सा दर लगता है

ये जो छोटा-सा मकाँ है मेरा
दोस्त आ जायें तो घर लगता है

हम सफ़र सारे बिछुड़ जायेंगे
अब तो बस ख़त्म सफ़र लगता है

यहाँ सूरज के चेहरे पर नुमायाँ रात का चेहरा
यहाँ चेहरे के पीछे है कोई आघात का चेहरा

चढ़ाओ वर्क़ चाँदी के तो शायद बात बन जाये
पुराना पड़ चुका है आपकी औक़ात का चेहरा

यहाँ पर आदमियत रोज़ कुचली है दरिन्दों ने
यहाँ रौंदा गया पैरों तले जज़्बात का चेहरा

यहाँ पर वारदातों के गड़े हैं हर तरफ़ तम्बू
दिखाएँ क्या किसी को आज के हालात का चेहरा

हिकारत से जिसे पण्डाल से तुमने निकाला है
वो निर्धन बैंडवाला था असल बारात का चेहरा

निकल पड़ते हैं रोज़ाना क़बीले बेख़तर होकर
यहाँ ढूँढ़ूँ भला कैसे मैं आदमज़ात का चेहरा

चली गयी अख़बार उठा कर तेज़ हवा सरशार
उसके पीछे भाग रहा है यारो, वो लाचार

नये समय के लोगों की तुम फ़ितरत पूछ रहे हो
बीजगणित जैसा चेहरा है, अंकगणित किरदार

रोज़नामचा बेचारे निर्धन का क्या तुम जानो
दिन है काग़ज़ मुड़ा तुड़ा-सा, रात फटा अख़बार

सभी चींटियाँ अपने-अपने घर को चली गयी हैं
लेकर साथ गयी हैं अपने छोटा-सा संसार

मैं गाड़ी के डिब्बे में जब रोटी चबा रहा था
इक लड़की ने मुझे दिया था नीबू का अचार

ऐ भगवान! बता मैं तुझको कैसे पहचानूँगा
न कोई तस्वीर है तेरी न कोई आकार

जो शख़्स मेरे सामने ख़ामोश खड़ा है
वो अपनी ग़रीबी से बहुत देर लड़ा है

वरदान की उम्मीद करूँ ख़ाक मैं उससे
दरवाज़े के बाहर कोई दुरवासा खड़ा है

मैं अपनी फटी जेब का क्या हाल बताऊँ
इच्छाओं का मुचड़ा हुआ रूमाल पड़ा है

दरिया में उतर जाने की ज़िद ठान ली मैंने
बेशक, मेरे हाथों में कोई कच्चा घड़ा है

यारो! जिसे तुम लोग बड़ा मान रहे हो
वो शख़्स किसी बाँस की सीढ़ी पे खड़ा है

सच बताना दोस्तो, क्या ये अदाकारी न थी
मर गया वो आदमी जिसकी अभी बारी न थी

अब कि बारिश भी हुई और बीज भी सस्ते मिले
अब कि अपने पास लेकिन एक भी क्यारी न थी

मौत के हाथों में थे विष के बुझे नश्तर कई
ज़िन्दगी के हाथ ख़ाली थे मगर हारी न थी

थक गया था मैं उसे सर पे उठा के दोस्तो!
ज़िन्दगी की पोटली यूँ तो बहुत भारी न थी

जीतना पोरस का सम्भव था सिकन्दर से मगर
अपने ही मेहमान से लड़ने की तैयारी न थी

अब परामर्शों में है आदेश-सा कुछ कीजिए
प्रेमपत्रों में है अध्यादेश-सा कुछ कीजिए

सभ्यता का इस कदर निकला जनाज़ा दोस्तो
हो गया अपशब्द भी उपदेश-सा कुछ कीजिए

दूर, ता-हद्दे-नज़र मंज़र में हैं बेचैनियाँ
है हवाओं में अजब सन्देश-सा कुछ कीजिए

वैमनस्य हर किसी की ज़िन्दगी में आ गया
आ गया हर शख़्स में आवेश-सा कुछ कीजिए

जिसको हम इन्सानियत कहते थे वो तो ढह गयी
बच गया उसका कोई अवशेष-सा कुछ कीजिए

इसलिए रोशनी लापता है
फ़्यूज़ बल्बों का मेला लगा है

बात ईमान की पूछते हो
मेमना भेड़ियों में खड़ा है

बेचता है वो बोतल में पानी
वो जो दरियाओं का देवता है

बागबाँ की इनायत तो देखो,
तितलियों से वो पर माँगता है

रेलगाड़ी से नाराज़ होकर—
एक डिब्बा अकेला खड़ा है

रात का वक़्त और दूर है घर
मेरी साइकिल में पंक्चर हुआ है

दफ़अतन बुझ गये सारे दीपक
इसलिए कुछ हवा ग़मज़दा है

दुकानदार-सा लगता है आचरण उनका
बताओ, किसलिए सीखूँ मैं व्याकरण उनका

पहन के आये थे जो ताज सर पे सोने का
हुआ है रास्ते में आज अपहरण उनका

वो बात-बात में देते हैं गालियाँ यारो!
ये शिष्टाचार तो केवल है आवरण उनका

वो छुप-छुपा के उड़ाते हैं दावतें दिनभर
ये और बात कि अनशन है आमरण उनका

खड़ा हूँ सामने उनके मैं एक मुज़रिम-सा
कि मेरे हाथ से टूटा है उपकरण उनका

हरेक रिश्ते की तारीख़ जा चुकी यारो!
कराना भूल गया मैं नवीकरण उनका

दोस्ती के यहाँ त्योहार मनाते रहिये
अपने हाथों से यहाँ हाथ मिलाते रहिये

दर्द पेंसिल से लिखे शब्द-सा मिट जाता है
क़हक़हों से इसे जब चाहे मिटाते रहिये

दिल कोई अंकगणित है न कोई बीजगणित
दिल तो दिल है इसे लैजर न बनाते रहिए

मैंने बस्ती के कलन्दर से यही सीखा है
दुख की चौपाल में बस हँसते-हँसाते रहिए

ये जो रूठे हुए बच्चे हैं, ज़रूर आयेंगे
आप काग़ज़ के सफ़ीने तो बनाते रहिए

ये कबीरा की चादर है यारो इसे आज़माना कभी
आपका जी करे तो इसे ओढ़ना या बिछाना कभी

ये अजब बात है, बाग़ के मालियों को पता न चला
नीम के पेड़ से इक गिलहरी का था दोस्ताना कभी

चाय का वो पुराना-ठिकाना जहाँ रोज़ मिलते थे हम
तुम कभी आओ तो देखने जायें हम वो ठिकाना कभी

इक हिरण गिर पड़ा है सुलगती हुई रेत पर बादलो!
तुम अभी जा रहे हो मगर लेके बरसात आना कभी

एक मिट्टी का दीपक हवाओं से इतना सताया हुआ
कर रहा है मगर वो निवेदन उसे न बुझाना कभी

ज़िन्दगी! तेरी सरहद के उस पार मैं भी चला जाऊँगा
ख़त्म हो जायेगा इस जहाँ से मेरा आबोदाना कभी

मन्दिर का टूटा दरवाज़ा भगवान की बातें करता है
इन पाषाणों की बस्ती में इन्सान की बातें करता है

ऐ दोस्त, हमारे बीच कोई दूरी तो नहीं इतनी लेकिन
मैं प्यार की बातें करता हूँ तू ज्ञान की बातें करता है

बस्ती में नहीं सद्भाव कोई, हमदर्दी है न प्यार कोई
अब हर कोई अपने-अपने अरमान की बातें करता है

अपने दिल में वो करता है हर रोज़ उदासी के जलसे
लेकिन, जब मिलता है मुझसे मुस्कान की बातें करता है

इस शहरे-दिल्ली में आकर, इस दुख को मैंने जाना है
मिलता है जो भी शख़्स मुझे, पहचान की बातें करता है

गुहर निकाल लिए रिक्त सीपियाँ दी हैं
हरेक शख़्स ने मौखिक तसल्लियाँ दी हैं

मेरे कटे हुए पंखों को देखकर सबने
उड़ान भरने की मुझको चुनौतियाँ दी हैं

समय ने साल-महीनों को हमसे छीन लिया
एवज़ में हाथ पे लम्हों की चिन्दियाँ दी हैं

ऐ चारागर! तेरी रहमत पे जल रहा है दीया
उसे हवा ने कई बार धमकियाँ दी हैं

तेरे आगे मैं भला हाथ पसारूँ कैसे
अपने रुतबे को ज़मीं पर मैं उतारूँ कैसे

है मेरे पास यही एक पुराना कम्बल
रात है सर्द बहुत, रात गुज़ारूँ कैसे

दस्तकें देके तेरे दर पे मैं थक-हार गया
कशमकश ये है तेरा नाम पुकारूँ कैसे

मैंने जो दाँव लगाया वही जीता लेकिन
मौत से आख़िरी बाज़ी भला हारूँ कैसे

वक़्त ने इतना ज़ियादा मुझे हलकान किया
ज़िन्दगी, तू ही बता, ख़ुद को सँवारूँ कैसे

वो अपने-आपसे भागा हुआ है
उसे बनवास भी कैसा मिला है

बुलन्दी की हक़ीक़त बस यही है
शिखर से टूटकर पत्थर गिरा है

मछेरा ढूँढ़ता है मछलियों को
समन्दर शंख रख के जा रहा है

वो कोई सेठ का बालक है यारो!
खिलौनों से बहुत उक्ता गया है

हवा पढ़ने की कोशिश कर रही है
जो तूने रेत पे अक्षर लिखा है

अशर्फ़ी की तरह लगता है मुझको
जो मेरी जेब में सिक्का बचा है

दियासलाइयाँ घर में जला के बैठे हैं
ज़रा-सी आग तो हम भी बचा के बैठे हैं

तुम आसमान के तारों की सादगी देखो
उजाला जेब के अन्दर छुपा के बैठे हैं

ख़ुदा करे न हो अनबन हमारी लहरों से
नदी किनारे घरौंदे बना के बैठे हैं

हँसेंगे हम भी तेरे साथ एक दिन लेकिन
अभी तो आँख में आँसू सजा के बैठे हैं

ये सोच कर कि इधर से तू आज गुज़रेगा
कि आज फिर इसी रस्ते पे आ के बैठे हैं

कोई भी शख़्स इसे कर नहीं सका मैला
कि हम वो धूप की चादर बिछा के बैठे हैं

हम इस तरह तेरे बारूदघर में रहते हैं
कि जैसे डर के भिखारी शहर में रहते हैं

वो जिनके पास हैं अपने मकान, क्या जानें
भटकनेवाले हमेशा सफ़र में रहते हैं

कुछ आसमान तो रहते हैं दूर पृथ्वी से
कुछ आसमान परिन्दों के पर में रहते हैं

जो देके धमकियाँ सबको चला गया यारो!
तमाम लोग अब उसके असर में रहते हैं

जो क़हक़हों से मिटाते हैं दर्द के अक्षर
कुछ ऐसे लोग भी मेरे नगर में रहते हैं

हर एक आदमी बेघर है ज़िन्दगी के लिए
कि जैसे राम भटकते थे जानकी के लिए

मशीनें लोरियाँ देंगी तमाम बच्चों को
ये होगा हादसा इक्कीसवीं सदी के लिए

चले चलो इन्हीं लम्हों की थाम कर उँगली
कि वक़्त रुकता नहीं दोस्तो, किसी के लिए

महानगर में नहीं जानता कोई तो क्या
हवा से हाथ मिला ले तू दोस्ती के लिए

अँधेरी राह पे दीपक जला के आया हूँ
मैं और करता भी क्या दोस्त!, बन्दगी के लिए

बता ऐ ज़िन्दगी, मैं क्या तेरी सौग़ात पर लिक्खूँ
जो कोई तबसरा मैं आज के हालात पर लिक्खूँ

ये क्या कम है कि मैं अपने दीये बुझने नहीं दूँगा
ख़ुदाया तू बता, मैं और क्या इस रात पर लिक्खूँ

तुम अपनी हैसियत पर लेख लिखवाते रहो बेशक!
मेरी औक़ात है तो क्यूँ न मैं औक़ात पर लिक्खूँ

यहाँ मोबाइल पे सब दोस्त मैसेज भेज देते हैं
मैं ख़त लिक्खूँ अगर उनको तो फिर किस बात पर लिक्खूँ

हुई मुद्दत, मेरी छत से नहीं गुज़रा कोई बादल
मगर तुम कह रहे हो गीत मैं बरसात पर लिक्खूँ

कच्चे घड़े पे तैर कर आने का हौसला
आ देख, मुझमें जान गँवाने का हौसला

गिरवी पेड़ हुए हैं मेरे चुटकुले तो क्या
फिर भी है मुझमें हँसने-हँसाने का हौसला

टूटी हुई सुराही मेरी देख मत रफ़ीक!
तू देख मुझमें आग बुझाने का हौसला

सब राजपाट, शाही महल छोड़-छाड़कर—
गौतम का देख, दश्त में जाने का हौसला

पैरों में मैंने मोम के जूते पहन लिए
फिर भी है मुझमें, धूप में आने का हौसला

अपने विश्वास को आप तोड़ा न कर
जो पराये हैं ख़त उनको खोला न कर

मौत के बाद भी एक है ज़िन्दगी
मौत के नाम पे इतना सोचा न कर

इसलिए तुझसे डरती हैं सब तितलियाँ
तू बग़ीचे के फूलों को तोड़ा न कर

पार करना है दरिया तो चप्पू उठा
काग़ज़ी कश्तियों पे भरोसा न कर

आँसुओं की किताबें खुली छोड़ के
अजनबी क़हक़हों का तू पीछा न कर

अपनी बेचैनियों को मेरे नाम लिक्ख!
तू मेरा है तो फिर मुझसे परदा न कर

रोज़ नाबीना गुज़रेंगे इस राह से
अपने पत्थर तू रास्ते में रक्खा न कर

तू अपने दिल की तमन्ना को तोड़ता क्यों है
लगी है प्यास तो उम्मीद छोड़ता क्यों है

ज़रा-सी ठेस पर बँट जायेगा ये किरचों में
कि इतनी ज़ोर से आईना तोड़ता क्यों है

तू दोस्ती का पयम्बर है तो बता मुझको
मिला के हाथ, मेरा हाथ छोड़ता क्यों है

तुझे है इल्म कि ये देवता है पत्थर का
फिर उसके सामने तू हाथ जोड़ता क्यों है

जो चल रहा है वो गुज़री सदी का सिक्का है
तू उसके पीछे बहुत तेज़ दौड़ता क्यों है

मैं इतना इश्तहारी हो गया हूँ
कि विज़टिंग कार्ड लेकर घूमता हूँ

बड़े लोगों का प्रीतिभोज है ये—
मैं केवल नेपकिन लेकर खड़ा हूँ

मेरे अन्दर कोई गुम्बद है जिसमें
पुरानी धुन की तरहा गूँजता हूँ

भटकता फिर रहा हूँ जंगलों में
कि अपने झुण्ड से बिछड़ा हुआ हूँ

मेरे बचपन का सहपाठी था यारो,
मैं जिससे बात करते डर रहा हूँ

कि जैसे कट गयी हो जेब मेरी
भरे मेले में ऐसे मैं खड़ा हूँ

मुझे सब मोतबर दौड़ा रहे हैं
कि घोड़ा मैं भी जैसे रेस का हूँ

पुराना लालटेन हूँ ज़ंग खाया
मगर कमरे को रोशन कर रहा हूँ

यादों का खोटा सिक्का है
दिल की गुल्लक में रक्खा है

सपनों की सर्कस होती है
अश्कों का मेला लगता है

आवाज़ों का बस्ता चुप है
कोरा काग़ज़ बोल रहा है

नाबीना ज़ुल्मत है यारो!
हाथ पसारे खड़ा हुआ है

कथा वाचकों के डेरे में
उपदेशों का ढेर पड़ा है

दुख है एक मुसाफ़िर जैसे
दिल की चौखट पर बैठा है

एक बालक-सा हो गया है दिन!
मुझसे कहता है आ पहाड़े गिन!

ज़िन्दगी पिनकुशन-सी लगती है
उम्रभर दर्द के चुभे हैं पिन!

दर्द की है घटा न जोड़ कोई
दर्द को यूँ न उँगलियों पर गिन!

आँख से जो टपक पड़े आँसू
लौट जाना है उसका ना-मुमकिन!

रेत पर जैसे कोई हो मछली
ज़िन्दगी यूँ कटी तुम्हारे बिन!

तुमने एलबम सजा ली लम्हों की
मैंने गुल्लक में रख लिए हैं दिन!

इक लफ़्ज़ में वो प्यार का पैगाम लिख गया
उँगली से रेत पर वो मेरा नाम लिख गया

मिलनी थी जिस गुनाह पे मुझको सज़ा-ए-मौत!
मुंसिफ़ उसी गुनाह पे इनाम लिख गया

मौसम भी ताजिरों की तरह आया बाग़ में
फूलों के भाव, ख़ुशबुओं के दाम लिख गया

सूरज ने रोशनी दी ज़मीं को तमाम दिन!
लेकिन समय के हाथ पे वो शाम लिख गया

मैं वक़्त के फ़रेब को समझा नहीं कभी
आग़ाज़ की किताब में अंजाम लिख गया

मन्दिर की सीढ़ियों पर दीपक जला रहा हूँ
यानी कि ईश्वर को रस्ता दिखा रहा हूँ

वो दोस्त जा चुका है घर पे लगा के ताला
मुद्दत से जिसके दर को मैं थपथपा रहा हूँ

हिम्मत पे मेरी यारो हैरान है क़यामत
मैं ज़िन्दगी की किरचें कबसे उठा रहा हूँ

मन्दिर के सब पुजारी तो गिन रहे थे सिक्के
मैं थाल आरती का लेकर खड़ा रहा हूँ

असरात इस नगर के सब पर जुदा जुदा हैं
तुम खुल के हँस रहे हो मैं मुस्करा रहा हूँ

मुझ जैसे सरफ़िरे का क्या पूछते हो यारो!
रफ़्तार की सदी में साइकिल चला रहा हूँ

मुझे मालूम है भीगी हुई आँखों से मुस्काना
कि मैंने ज़िन्दगी के रंग सीखे हैं कबीराना

न कुर्सी है न मेज़ें हैं न मेरे घर में सोफ़ा है
कि मेरे घर का आलम है फ़कीराना-फ़कीराना

वो जिस अन्दाज़ से आती है चिड़िया मेरे आँगन में
जो तुम आओ मेरे घर में तो उस अन्दाज़ से आना

यहाँ के लोग तो पानी की तरह सीधे-सादे हैं
उन्हें आता है जीवन के हर इक साँचे में ढल जाना

अँधेरे रास्ते पे दफ़्अतन मुझको मिला जुगनू
निभाया दूर तक उसने भी मेरे साथ याराना

मंज़िल थी अभी दूर सफ़र टूट रहा था
आहट का बनाया हुआ घर टूट रहा था

पत्थर का महल था कि लगाता था ठहाके
मैं चुप था मेरा काँच का घर टूट रहा था

मैं था कि हथेली पे दिया रखके खड़ा था
जब तेज़ हवाओं से नगर टूट रहा था

फिर खुलने लगी थी कोई संवाद की साँकल
होंठों पे जमी चुप का असर टूट रहा था

जितने थे परिन्दे सभी ख़ामोश बहुत थे
जंगल में कोई बूढ़ा शजर टूट रहा था

मुद्दत हुई कि हँसना-हँसाना नहीं हुआ
क्या आपको ज़रा-भी अचम्भा नहीं हुआ

तुम पालपोस कर जिसे अब बेच आये हो
उस मेमने के साथ क्या धोखा नहीं हुआ

मातम मनाने आये थे जो लोग जा चुके
अच्छा हुआ कि मौत पे जलसा नहीं हुआ

मैंने घमंड के सभी पर्दे जला दिये—
फिर उसके बाद मैं कभी तन्हा नहीं हुआ

रिश्तों पे सेमीनार मैं करता रहा मगर
मुद्दत गुज़र गयी कोई अपना नहीं हुआ

सभी की आँख में अबभी बची हुई है नमी
तो इसका अर्थ है दुनिया बहुत बुरी भी नहीं

मैं रोज़ चलता हूँ शीशे की किर्च पे यारो
ये मेरी जद्दोजहद, क्या ये ज़िन्दगी तो नहीं?

वो इतनी देर से बैठा है ऐसे कुर्सी पर
कि अपने आपको रखकर चला गया है कहीं

बहुत ग़रीब हैं बच्चे हमारी कक्षा के
किताब लाये हैं लेकिन कलम दवात नहीं

बवण्डरों ने जो तोड़ी थी दश्त में कुटिया
कोई चराग़ मगर अबभी जल रहा है वहीं

ऐसे लगता है तू पानी पे चला हो जैसे
तेरे क़दमों में समन्दर-सा खड़ा हो जैसे

आख़िरी बार मिला इस तरह वो चुप होकर
उसकी पीड़ा का भरम टूट रहा हो जैसे

इस कदर शोर मचाता है ये दुख का इंजन
बीच पटरी के कोई शख़्स खड़ा हो जैसे

जाने क्यूँ ऐसा लगा रात गये कल मुझको
फ़र्श पे कोई दबे-पाँव चला हो जैसे

पाँव नंगे मैं चला आया हूँ अपने घर से
रास्ते में कोई कालीन बिछा हो जैसे

थोड़ी तकलीफ़ वो उठाये तो
दुख में थोड़ा-सा मुस्कराये तो

मैंने सिलवा लिए नये कपड़े
वो कभी अपने घर बुलाये तो

जल उठूँगा किसी दीये-सा मैं
आँधियों में अगर वो आये तो

मुझको डर है कि मेरी दस्तक से
काँच का द्वार टूट जाये तो

कोई तरकश तेरा करेगा क्या
गर इलाही मुझे बचाये तो

इक कटोरी में रख दिया है जल
प्यास पक्षी कोई बुझाये तो

रोज़ाना आकर मुझको सहलाता था
माँ जैसा वो चेहरा लेकर आता था

मैं व्याकुल था कोट पहनकर भी यारो!
धूप ओढ़ कर वो अक्सर मुस्काता था

गर्मी में जब मैं होता था कमरे में
छत पर नंगे पाँव परिन्दा आता था

नक़्शे-क़दम भी क़िस्सों जैसे लगते थे
चलते-चलते मैं पढ़ने लग जाता था

हुनरमन्द सौदागर था वो मण्डी का
झूठ पे सच्चाई के वर्क़ चढ़ाता था

यारो! शीशे जैसी थी उसकी औक़ात!
घर में रहता था लेकिन थर्राता था

मेरी आँखों का जल मचलता है
चुटकुले सुनके ख़ूब हँसता है

ये जो है इन्तज़ार का लम्हा
मोमबत्ती की तरह गलता है

ख़्वाब की चिट्ठियाँ उठाये हुए
नींद का डाकिया भटकता है

जिस्म का घाव हो गया बूढ़ा
दर्द की ऐनकें बदलता है

वो तेरी याद है या फिर तू है
जो दबे-पाँव दिल में चलता है

पेड़ बरगद का गाँव से बाहर
एक दरवेश जैसा लगता है

चाँद, क्या तू कभी नहीं थकता
कितना पैदल तू रोज़ चलता है

तूने लपटों को जो आँखों में उतारा होता
तो हर इक अश्क मचलता हुआ पारा होता

वो तो जोगी की बसाई हुई इक कुटिया थी
बादशाहों का वहाँ कैसे गुज़ारा होता

ज़िन्दगी होती है क्या इसको समझने के लिए
अपने अन्दर के अहंकार को मारा होता

दस्तकें दर पे बहुत देर तलक दीं उसने
काश, इक बार मेरा नाम पुकारा होता

वो जो धरती पे भटकता रहा जुगनू बनकर
कहीं आकाश में होता तो सितारा होता

कलैंडर वो पुराने वक़्त का था
कि जो दीवार पे गुमसुम खड़ा था

बड़ा मासूम था मिट्टी का दीपक—
हवा की उँगलियों से खेलता था

लगा है आज तक कर्फ़्यू शहर में
ज़रा-सी बात पे झगड़ा हुआ था

समन्दर धूप का अख़बार लेकर
किसी बच्चे की तरह पढ़ रहा था

बहुत फ़ाकाकशी उसने सही थी
कि अब उसको भी जीना आ गया था

पुराना-सा कोई एकान्त था जो—
मेरे कमरे के अन्दर चीखता था

कोई कश्ती वहाँ जाती नहीं थी,
नदी के पार मैं सहमा हुआ था

हमारा दौर भी कितना बुरा है
लहू को लाल पानी कह रहा है

मेरे बाहर लड़ाई क़त्लो-ग़ारत
मेरे अन्दर कोई गौतम खड़ा है

समन्दर के बदन पर है अँधेरा
नदी के हाथ पे जलता दिया है

बयाबाँ के अकेलेपन से डरकर
अँधेरा, जुगनुओं को ढूँढ़ता है

ये बूढ़ा दर्द मेरी ख़्वाहिशों का
जहाँ भी बैठता है, खाँसता है

जो मेरा दोस्त आँगन की तरह था
कि अब वो बन्द कमरा बन गया है

मैं उस बच्चे की मस्ती क्यों चुराऊँ
बिछाकर धूप जो बैठा हुआ है

इस अँधेरे में कहाँ छोड़ के जाऊँ उसको
ग़ैर बालक ही सही, कैसे रुलाऊँ उसको

दर्द मेरा है किसी खोटी अठन्नी जैसा
सुख के बाज़ार में किस तरह चलाऊँ उसको

सर्द रातों में यही चिन्ता रही है मुझको
एक आकाश है, ओढ़ूँ कि बिछाऊँ उसको

लोग सब यूँ तो पराये हैं शहर में लेकिन
बन के अपना कोई रूठे तो मनाऊँ उसको

एक मिट्टी का दीया और अँधेरा इतना—
सोचता हूँ, कि जलाऊँ या बुझाऊँ उसको

तू जा रहा है तो फिर कुछ निशानियाँ दे जा
ऐ मेरे दोस्त, तू अपनी उदासियाँ दे जा

खड़ा हुआ हूँ समन्दर तेरे किनारे पर
जो ग़र्क हो गयीं मेरी वो कश्तियाँ दे जा

ऐ चारागर, मुझे अपनी अशर्फ़ियाँ मत दे
जो गुम हुई हैं मेरी वो चवन्नियाँ दे जा

भटकते-फिरते हुए जुगनुओं ने मुझसे कहा
कि अपने ख़ाली मकानों की चाबियाँ दे जा

तू जा रहा है दरख़्तों से दोस्ती करने
मगर ये शर्त है कि अपनी आरियाँ दे जा

पास बैठे रहे ज़िन्दगी और हम
जिस तरह हो कोई अजनबी और हम

तिश्नगी[1] का वो जलसा चला देर तक
बीच में एक सूखी नदी और हम

थी चकाचौंध कितनी तेरे जश्न में
पर, डरे-से रहे सादगी और हम

सारे अहबाब-संज्ञा-विशेषण हुए
व्याकरण-व्याकरण दोस्ती और हम

बात जज़्बात की कोई करता नहीं
कुछ गणित की तरह आप भी और हम

अपने-अपने वहाँ सबके किरदार थे
फ़ालतू थे वहाँ शायरी और हम

ख़ुद को हमने मनाया कई बार यूँ
एक प्याला गरम चाय थी और हम

---

1. तिश्नगी—प्यास।

मैं कुछ दिन से यहाँ आकर बसा हूँ
मिज़ाजे-शहर से ना-आशन हूँ

कोई बिछुड़ा हुआ बालक हो जैसे—
नगर की भीड़ में ऐसे खड़ा हूँ

अकेला दौड़ना है मेरी फ़ितरत
मैं घोड़ा अश्वमेधी यज्ञ का हूँ

हिकारत से मुझे सब देखते हैं
कि जैसे मैं भी कोई हादसा हूँ

भटकते हैं कई एकान्त मुझमें
पिरामिड की तरह तन्हा खड़ा हूँ

बनाकर धूप मुझको रख गया है
उसी सूरज को कबसे ढूँढ़ता हूँ

ये सच है बात कि वो लामकान था यारो
पर उसकी आँख में इक आसमान था यारो

मैं सेंधमार से डरता तो किस लिए डरता
मेरा मकान तो ख़ाली मकान था यारो

यहाँ जो सारथी के रूप में नज़र आया
हमारे शहर में वो कोचवान था यारो

ज़रूर वो किसी तस्कर की दक्षिणा होगी
पुजारी लेके जिसे बेज़बान था यारो

किसी के पास नहीं थी संवेदना की नमी
अजीब क़िस्म का बेहिस जहान था यारो

शहर में एक भिखारी भटकता फिरता रहा
कि उसकी बेबसी उसका बयान था यारो

पत्थर उठाके झील में वो फेंकता रहा
पानी को छटपटाता हुआ देखता रहा

मैं चिलचिलाती धूप में घर से निकल पड़ा
रस्ते का एक पेड़ मुझे रोकता रहा

आगे निकल गया मैं बहुत तेज़ दौड़ के
मेरा नसीब पीछे मेरे हाँफता रहा

रोटी है एक लफ़्ज़ या रोटी है इक ख़ुशी
ये प्रश्न अपने-आपसे मैं पूछता रहा

बारिश में भीगता हुआ बालक ग़रीब का
लोगों की छतरियों को खड़ा देखता रहा

निशान पाँव का जब रेत पे उभरता है
तो जानेवाले को शायद सलाम करता है

बता तू किसके बदन पर लगाएगा चन्दन
हरेक शख़्स यहाँ आग से गुज़रता है

अँधेरा हाथ पसारे खड़ा है रस्ते में
जो भीख उसको उजाले की दूँ तो डरता है

वो जिस दरख़्त के साये में दिन गुज़ारे थे
वही अकेला खड़ा साँय-साँय करता है

बिछा के जाल खड़ा है बहेलिया लेकिन
कड़ी हो धूप तो पंछी कहाँ उतरता है

जीने का अर्थ उसने समझा दिया सभी को
जो बाँट कर गया था अपनी हरेक ख़ुशी को

काग़ज़ की कश्तियों को रेतीले तट पे रख कर
बहला रहे हैं बच्चे सूखी हुई नदी को

वो आदमी अजब था जो तीरगी मिटाने–
पत्थर रगड़ के यारो! लाया था रोशनी को

वो इत्र का था ताजिर कुछ इतना बेमुरव्वत
ठुकरा दिया था जिसने फूलों की बन्दगी को

बैठा है हाथ जोड़े आँखों में एक आँसू
देखा नहीं है मैंने पूजा में यूँ किसी को

आरती का अर्थ क्या है ख़ुद समझ जायेंगे लोग
जब अँधेरे रास्तों पर दीप रख आयेंगे लोग

ज़िन्दगी तो ज़िन्दगी है राह का पत्थर नहीं
देखता हूँ ज़िन्दगी को कैसे ठुकराएँगे लोग

खोल दूँगा मैं भी अपने घर की सारी खिड़कियाँ
शह्र में जब भी कभी ताज़ा हवा लायेंगे लोग

तुम मदद के वास्ते जब भी पुकारोगे यहाँ
काग़ज़ी हमदर्दियाँ लेकर चले आयेंगे लोग

मुझको तूफ़ाँ की अदावत से गुज़र जाने दो
मैं बिखरता हूँ तो फिर मुझको बिखर जाने दो

हुक्मरानो, मुझे कर्फ़्यू के न समझाओ नियम,
मेरा बीमार है बच्चा, मुझे घर जाने दो

गुफ़्तगू परकटी चिड़िया से मुझे करनी है,
आसमाँ हूँ, मुझे धरती पे उतर जाने दो

आक्सीजन पे मुझे रक्खोगे कब तक ज़िन्दा
मर रहा हूँ, तो मुझे चैन से मर जाने दो

मैं तो जुगनू हूँ, सुबह धूप में जल जाऊँगा
अपने आँगन में ज़रा देर ठहर जाने दो

तू है बेचैन बहुत जिसको मनाने के लिए
ख़ुद चला आया है वो हाथ मिलाने के लिए

दर्द आयेगा दबेपाँव पुरोहित बनकर
दिल के मन्दिर में कोई शंख बजाने के लिए

एक जलता हुआ मिट्टी का दीया काफ़ी है
ज़ुलमतों की कोई तहरीर मिटाने के लिए

चुटकुलेबाज़ ने समझी है हक़ीक़त यारो!
रोटियाँ लाया है, भूखों को हँसाने के लिए

मैं तो भागा हूँ बहुत दूर तलक, मत पूछो–
एक रूठे हुए बादल को मनाने के लिए

चावलों के यही कुछ दाने उठा लाया हूँ
दोस्तो, मैं तो सुदामा की तरह आया हूँ

मुस्कराते हुए होंठों पे न रखिए मुझको
एक आँसू हूँ, किसी आँख का सरमाया हूँ

हौसला देख कि मैं बर्फ़ का बनवा के मकाँ
फिर उसे धूप की बस्ती में उठा लाया हूँ

जिन्स की तरह मुझे तौलनेवाले ताजिर!
तेरी आँखों के तराज़ू से उतर आया हूँ

जिसको देखो वही दूकान नज़र आता है
आपके शहर में आकर बड़ा भरमाया हूँ

ज़िन्दा रहने की ये तौफ़ीक़ उठाये रखना
दर्द की आँच को मुट्ठी में दबाये रखना

ये भी होता है किसी घोर तपस्या जैसा—
तेज़ आँधी में चराग़ों को जलाये रखना

ग़ैर-मुमकिन तो नहीं फिर भी बहुत मुश्किल है
काग़ज़ी फूल पे तितली को बिठाये रखना

मोमबत्ती को बुझा देगी अगर उठ आयी
तुम हवा को ज़रा बातों में लगाये रखना

कोई आहट कोई दस्तक किसी चिड़िया की चहक
अपने ख़ामोश मकानों में सजाये रखना

कितना मुश्किल है ये मासूम परिन्दों के लिए
ख़ुद को चालाक शिकारी से बचाये रखना

ज़िन्दगी के डाकिए को सब पता है दोस्तो!
कितना मुश्किल मेरे घर का रास्ता है दोस्तो!

चहचहाती सारी गलियाँ हो गयी हैं चुपज़दा
क्या तुम्हारे शहर में कर्फ़्यू लगा है दोस्तो!

ये फटी छतरी नज़र आता है जिसमें आसमाँ
निर्धनों का ये भी कोई आसरा है दोस्तो!

आप अपने शहर के मौसम को आकर देखिए
कागज़ी फूलों के जलसे में खड़ा है दोस्तो!

आपने सौग़ात दी तो आईने की दी उसे
जिसका चेहरा मुद्दतों से लापता है दोस्तो!

नैतिकता को फटेहाल तुम जब देखोगी गंगा जी!
तुमको भी इस बात पे कुछ तकलीफ़ तो होगी गंगा जी!

साहिल पर बाज़ार सजे है सभी पुरोहित सौदागर
धर्म में विकसित अंकगणित को क्या समझोगी गंगा जी!

लोग यहाँ बातों के मीठे लेकिन मन के हैं कपटी
जोड़ के इनसे रिश्ता इक दिन हाथ मलोगी गंगा जी!

अब न यहाँ है कोई भगीरथ और न है कोई शंकर
अपनी राम कहानी जाकर किसे कहोगी गंगा जी!

यह बस्ती तहज़ीब का जंगल पढ़े-लिखों का बीहड़ है
यहाँ अदावत की दहशत से काँप उठोगी गंगा जी!

हर रिश्ते का रूप अनोखा हर रिश्ते का रंग सियाह
शतरंजी चालों में फँस कर जी न सकोगी गंगा जी!

मेरा तो घर भी जूठा, जूठी हर शय, आँगन जूठा
मेरे घर आयी तो बोलो कहाँ रहोगी गंगा जी!

मन्दिर की दीवार तोड़कर उग आया पीपल का पेड़
सभी आस्थाहीन पुजारी घबराया पीपल का पेड़

अपने ही स्वभाव के कारण लोगों ने बो दिये बबूल
और जो चुप था ऋषियों-सा वो कटवाया पीपल का पेड़

लोगों ने तो जतन किये छाया न किसी को दे अपनी
लोगों की बातों में लेकिन कब आया पीपल का पेड़

उसकी हर टहनी पे बगुले बैठे देते थे गाली
कोई हंस उधर न आया कुम्हलाया पीपल का पेड़

हाथ सेंकने के लालच में जला दिये लोगों ने पात
अपना नंगा जिस्म देखकर शरमाया पीपल का पेड़

जाने क्यों अवसान पे उसके हुई न कोई शोक सभा
चला गया जो बरसों तक देकर छाया पीपल का पेड़

महानगर दुनियादारों की बातें करता है
रोज़ नये अत्याचारों की बातें करता है

कल जो काग़ज़ की कश्ती से खेला करता था
अब वो बच्चा हथियारों की बातें करता है

घुटनों के बल चलनेवाले की बेचैनी देख!
ऊँची-ऊँची मीनारों की बातें करता है

आसमान की जानिब मैं जब सर को उठाता हूँ
वो मुझसे टूटे तारों की बातें करता है

आपसदारी, मेल-मुरव्वत की बातें तजकर
जो मिलता है, अख़बारों की बातें करता है

इक मैं हूँ कि फ़ाकाकशी पे काट रहा हूँ दिन
इक तू है कि त्योहारों की बातें करता है

गर्म बालू पर न तुम ऐसे नचाओ मछलियाँ
काँपती हैं तट पे मेरी वेदना की सीपियाँ

हाथ पर रखकर दीया आगे निकल आया हूँ मैं!
मेरे पीछे रह गयी हैं हाँफ़ती-सी आँधियाँ

देखकर अँगूठियाँ वो रो पड़ा था दोस्तो!
हाथ उसके थे सलामत पर नहीं थीं उँगलियाँ

शहर का बदशक़्ल हाक़िम और कर सकता था क्या
उसने दर्पण पर लगा दीं शहर में पाबन्दियाँ

शब्द इक रोटी का लिक्खा है सभी ने बार-बार
देखकर हैराँ हूँ भूखे बालकों की कापियाँ

कर्ज़ की उम्मीद लेकर मैं गया था जिसके पास
फ़ीस माफ़ी के लिए वो लिख रहा था अर्ज़ियाँ

घाट हज़ारों इस दरिया के लेकिन इसका पानी एक
अपने-अपने राम सभी के, लेकिन रामकहानी एक

सारे चतुर-सुजान लोग थे कर्मकाण्ड में बँधे हुए
लेकिन उन लोगों में तन्हा मीरा थी दीवानी एक

हम बच्चों को गोद में लेकर ख़ूब सुनाती थी क़िस्से
बचपन के अलमस्त सफ़र में अपनी भी थी नानी एक

पेड़ पहाड़ मुहब्बत छाया तपिश दोस्ती बेचैनी
बातें तो सब जुदा-जुदा हैं, लेकिन इनके मानी एक

उन लोगों के बीच मेरी औक़ात महज़ इतनी-सी थी,
उनके हरसिंगार कई थे, मेरी रात की रानी एक

ऐसे-वैसे, जैसे-तैसे, हमने उम्र गुज़ारी जी!
हर दिन हमने ऐसे काटा जैसे शेर सवारी जी!

राजघरानों में हमने 'दरबारी' गाए नहीं कभी
इसीलिए तो अपने अन्दर बची रही ख़ुद्दारी जी!

हर मौसम आकर खपरैलों को धमकी दे जाता है
तुम क्या जानो इस नगरी की कैसी है दुश्वारी जी!

कर्मकाण्ड की गुल्लक सबकी, पाप-पुण्य के लैजर थे
जंगल में जो भटक रहे थे वो भी थे संसारी जी!

आप उन्हें मसलें या नोचें, वो फिर भी मुस्काएँगे
फूलों की दुनिया ने कब सीखी है दुनियादारी जी!

सख़्त हिदायत दी है उसने दरबानों को
बाहर से रुख़्सत कर दें वो मेहमानों को

हाथ मिलाने का यारो, माकूल समय है
पहन चुके हैं लोग रबड़ के दस्तानों को

महानगर के त्योहारों का आलम देखो!
सजा रहे हैं हम सब अपने वीरानों को

जज़्बातों की बात करो तो लोग यहाँ पर
याद दिलाते हैं तब अपने अहसानों को

कंज़्यूमर-कल्चर में सब चलता है यारो!
मन्दिर की सीढ़ी पर रख लो मयख़ानों को

कभी दयार कभी दर की बात करता था
वो अपने उजड़े हुए घर की बात करता था

मैं ज़िक्र जब कभी करता था आसमानों का
वो अपने टूटे हुए पर की बात करता था

हमेशा वक़्त से करता रहा वो जद्दोजहद
न जाने क्यूँ वो मुकद्दर की बात करता था

बस एक अश्क था मेरी उदास आँखों में
जो मुझसे सात समन्दर की बात करता था

जो एक हाँफती हिरनी को कर गया घायल
तमाम दश्त, उस नश्तर की बात करता था

अकेलेपन का हर कोई ज़हर पीता नज़र आया
मुझे हर शख़्स में सुकरात का चेहरा नज़र आया

ज़रा-सी चोट पर तक़सीम हो जाता है टुकड़ों में
कि शीशे की तरह इन्सान का रिश्ता नज़र आया

जिसे माँ-बाप कमरे में अकेला छोड़ जाते थे
वो बच्चा जब नज़र आया, मुझे रूठा नज़र आया

हमारी ज़िन्दगी भी दोस्तो, इक कारख़ाना है
जिसे देखो, वो पुर्ज़े की तरह घिसता नज़र आया

हमेशा खेलता है चाँद-सूरज के खिलौनों से
हमें तो आसमाँ भी एक बच्चे-सा नज़र आया

क्या करूँगा तिजोरियाँ रखकर
भूल जाता हूँ चाबियाँ रखकर

लोग करते हैं पेड़ की पूजा
अपने हाथों में आरियाँ रखकर

मुस्कराता हूँ बज़्म में यारो!
अपने दिल में उदासियाँ रखकर

वक़्त के साथ जा रहा हूँ मैं
अपनी सारी निशानियाँ रखकर

मैंने दरिया से गुफ़्तगू की है
जल पे काग़ज़ की कश्तियाँ रखकर

लोग इस हाल में भी सोते हैं
सर के नीचे चिंगारियाँ रखकर

रफ़्ता-रफ़्ता पराये होते हैं
लोग रिश्तों में दूरियाँ रखकर

इस शहर से वो हो गया रुख़्सत
अपनी सारी कहानियाँ रखकर

ये सच है बात वो मेरे बदन का साया है
जो मेरे जिस्म को ग़ैरों में बाँट आया है

तू उन सिपाहियों के घर का हाल क्या जाने
हुक़ूमतों ने जिन्हें जंग में लड़ाया है

अजब नहीं कि वो ज़र्रा भी कल बने टापू
जिसे तू आज समन्दर में छोड़ आया है

जो तितलियों को रिझाने की बात करता था
वो अपने हाथ में काग़ज़ के फूल लाया है

वो अपने सारे ठहाके तो रख चुका गिरवी
उसे तू किसलिए फिर गुदगुदाने आया है

बेचारे निर्धन का चेहरा फटी हुई पुस्तक-सा
हर अक्षर लगता है जैसे डरी हुई दस्तक-सा

भैया, सच्ची बात किसी को कौन कहे इस युग में
झूठ तो शक्कर जैसा मीठा, सच लगता अदरक-सा

बड़े लोग थे डाल के जूते आ बैठे मन्दिर में
और पुजारी दीन-हीन था, खड़ा रहा दर्शक-सा

आप हज़ारों बार सुनाओ मुझे लतीफ़े लेकिन
मेरी आँखों का पानी है इक ज़िद्दी बालक-सा

पपलू-फ़्लैश, तम्बोला, रम्मी, पीना और पिलाना
महानगर में ख़ुशियों का यूँ होता है नाटक-सा

आसमाँ हमने तेरा इल्मो-हुनर देखा है
हर परिन्दे को यहाँ ख़ून से तर देखा है

बात ये ग़ैर मुनासिब तो लगेगी लेकिन
सच की बस्ती है मगर झूठ का घर देखा है

कल थे पैरों में किसी ग़ैर के जूते लेकिन
आज काँधे पे किसी ग़ैर का सर देखा है

आपने देखी नहीं झोंपड़ी गिरती यारो!
आपने गिरता हुआ ताश का घर देखा है

आप बेशक न बतायें हमें कफ़्र्यू का मिज़ाज
हमने आवाज़ का टूटा हुआ पर देखा है

मेरी बस्ती का वो कोई सरफ़िरा सुलतान है
बिच्छुओं को रोशनी के बाँटता अनुदान है

धूप का है धर्मकाँटा, बाट लेकिन बर्फ़ के
ये हमारे दौर के बाज़ार की पहचान है

हमने पायदान पे तय कर ली सारी यात्रा
बर्थ पे लेटा हुआ शायद कोई धनवान है

जुगनुओं को जिसने सिलबट्टे पे पीसा रातभर
वो उजालों के नगर का मोतबर इन्सान है

लड़ रहे हैं लोग मन्दिर और मस्जिद के लिए
एक बच्चा दोस्तो, इस बात पे हैरान है

भूखे बच्चों का भी सोच कुछ तो ज़रा घर में चूल्हा जला
थोड़ा बच्चे हँसे, थोड़ा तू मुस्करा घर में चूल्हा जला

घर में राशन नहीं, ये भी सच है मगर, इसकी चिन्ता न कर
घर में उम्मीद है, उसका ईंधन बना, घर में चूल्हा जला

ना-समझ! ज़िन्दगी पूरी फ़ाकाकशी पे तो कटती नहीं
भूखा रहने की ज़िद छोड़ कुछ खा-कमा घर में चूल्हा जला

छोटी मोटी लड़ाई का मातम भी क्या, यूँ न हो ग़मज़दा
इसका मीज़ाज मत कर, हुआ जो हुआ, घर में चूल्हा जला

आग विश्वास है, आग अहसास है, आग उम्मीद है, आग अरदास है
सर्द चूल्हे को है आग का आसरा घर में चूल्हा जला

जो आत्मा थी उसे मैंने कब का मार दिया
कि अपने-आपको बाज़ार में उतार दिया

संवेदनाओं पे होनी थी बज़्म में चर्चा
जमा-घटा के सवालों में दिन गुज़ार दिया

हमेशा करता रहूँगा मैं एहतराम उसका
कि आड़े वक़्त में जिस शख़्स ने उधार दिया

टँगा हुआ था जो खूँटी पे इक निशानी-सा
पिता के कोट को भी एक दिन उतार दिया

ये मैं ही था कि पतंगें उड़ा नहीं पाया
हवा ने यूँ तो मुझे ख़ूब इख़्तियार दिया

ज़ख़्मों के इश्तहार को पढ़ता रहा हूँ मैं
मेरा कलेजा देख कि हँसता रहा हूँ मैं

अपनी ख़राब उँगलियों का कुछ न कर सका
केवल अँगूठियों को बदलता रहा हूँ मैं

मेरे सफ़र की क़ैफ़ियत क्या पूछता है तू
कमरे में जैसे मुद्दतों चलता रहा हूँ मैं

मैं ज़िन्दगी के मंच का परदा हूँ दोस्तो!
उठता रहा कभी, कभी गिरता रहा हूँ मैं

तुम मेरी हसरतों पे ज़रा ग़ौर तो करो,
बेगानी शादियों में सँवरता रहा हूँ मैं

शेष तो सब कुशल है, अमन है
बन्द कमरे में थोड़ी घुटन है

पेड़ को काटनेवालो सोचो,
ये परिन्दों का भी इक वतन है

सोये बालक की मुस्कान देखो,
ज़िन्दगी का ये सच्चा भजन है

प्यार के ख़त कहीं दब गये हैं
हर तरफ़ आँकड़ों का कफ़न है

याद का एक तिनका गिरा था
मेरी आँखों में उसकी छुअन है

आप भी कुछ परेशान से हैं
चाय पीने का मेरा भी मन है

आपका फ़ानूस घर में नूर बरसाता रहा
मेरा मिट्टी का दिया कमरे में थर्राता रहा

लोग मेरे घाव पर करते रहे संगोष्ठी
अपने माथे पर लगी मैं चोट सहलाता रहा

ये भी उस धनवान की यारो, अदाकारी तो थी
मेरी साइकिल से जो अपनी कार टकराता रहा

रैम्प पर चलती हुई उन औरतों को देखकर
लोग थे हैरान पर बाज़ार मुस्काता रहा

ख़ुशबुएँ पकवान की जो शामियाने से उठीं,
कोई भूखा उनको बाहर फाँकता-खाता रहा

घुँघरुओं में बोलती रहती उदासी है
ज़िन्दगी टूटी, थकी-सी देवदासी है

है यहाँ हरेक मन्दिर का कलश गिरवी
और तुम कहते हो कि ये शहर काशी है

एक भूखे की कला का रूप तो देखो
पत्थरों से उसने इक रोटी तराशी है

आज इक सपना हुआ है गुम महाजन का
आज हर एक आँख की होनी तलाशी है

आप अंगारों को मत इतना खुला रक्खें
देखिए, कैसी हवा में बदहवासी है

सारी बस्ती ने उसे हुक़्मे-ख़ुदा माना था
वो जो सुलतान का लिक्खा हुआ परवाना था

ये तो मैं था कि उसे दावतें देकर आया
दर्द को यूँ भी दबे-पाँव चले आना था

वो दिया था तो लड़ाई थी हवा से उसकी
वो था जुगनू तो उसे धूप में जल जाना था

जानेवाला कभी वापिस नहीं आया यारो!
ऐसा लगता है वहाँ मौत का तहख़ाना था

तंग जूतों को पहनने की सज़ा दी उसने
ज़ुल्म ये था कि हर इक घाव पे मुस्काना था

वो आदमी जहान में कितना ग़रीब था
जिसका कोई रक़ीब न कोई हबीब था

तावीज़ बेचता रहा किस्मत के वो सदा
ये और बात ख़ुद वो बड़ा बदनसीब था

कच्चे मकान किस तरह थर्रा-से गये थे
उस वक़्त जबकि बाढ़ का पानी क़रीब था

अपने ही घर में हर कोई मेहमान-सा लगा
उस घर का रहन-सहन भी कितना अजीब था

दे आया हूँ दुआ उसे मैं लम्बी उम्र की
अपने लिए जो रोज़ बनाता सलीब था

तेरे गणित के नगर में पते बदलता हुआ
हरेक शख़्स मिला आँकड़े उगलता हुआ

तू जोग-भोग की बातों में इस कदर उलझा
कि सारी उम्र रहा कशमकश में पलता हुआ

उधर है प्यास का मारा हिरन बहुत व्याकुल
इधर है रेत का इक रेग़ज़ार जलता हुआ

मैं अपनी तिश्नगी को किस तरह से समझाऊँ
तू दे रहा है मुझे जल मगर उबलता हुआ

ये ज़िन्दगी का कहीं आख़िरी पड़ाव न हो
कि मेरी साँस का लश्कर भी है सँभलता हुआ

जिसे भी देखिए हालात का मारा हुआ है
न जाने इस कदर क्यों वक़्त हत्यारा हुआ है

बहुत बदला हुआ है आचरण आबोहवा का
कि मीठी झील का पानी भी अब खारा हुआ है

हज़ारों रावणों में राम इक सिद्धान्तों का
यूँ लगता है कि अपने हौसले हारा हुआ है

यहाँ आती नहीं है पाँव की आहट किस को
ये घर लगता है शिष्टाचार का मारा हुआ है

समय ललकारता है यक्ष बनकर हर किसी को
युधिष्ठिर-सा यहाँ हर शख़्स बेचारा हुआ है

उस भूखे आदमी का तब दर्द मैंने जाना
जब गोल चाँद को भी रोटी-सा उसने माना

उस शख़्स का मैं यारो मेहमान कैसे बनता
जो ख़ुद बवण्डरों-सा फिरता था बेठिकाना

पूछी जो मैंने उससे परिभाषा ज़िन्दगी की
बोला कि चल रहा है साँसों का कारख़ाना

जलसा किया है हमने यूँ ज़िन्दगी का यारो!
रक्खा है हौसले का पतला-सा शामियाना

शीशे की किर्च बनकर चुभता रहेगा मुझको
हमदर्दियों का मख़मल मत राह पे बिछाना

इसे हादसों के दीमक ने भुरभुरा दिया है
दरवाज़ा ज़िन्दगी का धीरे से खटखटाना

हमारे दौर में ऐसी तरक्कियाँ होंगी
कि खूँटियों पे टँगी माँ की लोरियाँ होंगी

तू देख पायेगा कैसे हमारे ज़ख़्मों को—
हमारे जिस्म पर ख़ुशियों की वर्दियाँ होंगी

सभी चले गये भाई यहाँ से दूर कहीं
कि अब उदास-सी घर में निशानियाँ होंगी

हमारी नींद में सपने जहाज़ के होंगे
हमारे हाथ में काग़ज़ की कश्तियाँ होंगी

ख़ुशी तो डाल के जूते निकल गयी कबकी
जो पाँव-नंगे खड़ी हैं, उदासियाँ होंगी

अजीब किस्म का यारो वो आशियाना था
कि उसका आँधियों के साथ दोस्ताना था

परिन्दे देखकर उसकी गुलेल, डरते थे,
बड़ा अचूक उस कम्बख़्त का निशाना था

भरी क्लास में व्याकुल थे भूख से बच्चे
मिला था हुक्म कि मैंने, उन्हें हँसाना था

बड़ों के सामने छोटे अदब से आते थे
हमारी सभ्यता का वो भी इक ज़माना था

वो कोचवान की पीड़ा समझ गया यारो!
वो टूटी टाँग का घोड़ा बड़ा सयाना था

ताल्लुक़ात मैं पलभर में तोड़ता कैसे—
कि उससे रिश्ता पुराना, बहुत पुराना था

उसको लगी थी भूख परेशान वो भी था
ऐ हाक़िमो! इस शहर का इन्सान वो भी था

पिज़्ज़े पे लोग टूट पड़े छोड़कर पुलाव
मेहमाँ जो मेरे साथ था हैरान वो भी था

रिक्शा को खींचता हुआ वो बूढ़ा आदमी
बेशक था चुपज़दा मगर हल्कान वो भी था

रखता था सारे शहर के कानून जेब में,
इसका तो सीधा अर्थ है धनवान वो भी था

अश्कों की सजी लंका तो आँखों में खड़ी है
ख़ुशियों की मगर पंचवटी सूनी पड़ी है

लगता है तड़पती हुई इस धूप से जैसे
सूरज के कलेजे में कोई कील गड़ी है

हैरान हूँ मैं देख के पत्थर के नगर में
इक काँच की दीवार है बेफ़िक्र खड़ी है

तू पूछ कि हालात हैं क्यूँ इतने कशीदा
मत पूछ कि हर शख़्स की क्यूँ पीठ मुड़ी है

जिस शय को भी छू ले वही हो जाती है तेरी
दौलत की तेरे हाथ में जादुई छड़ी है

इस अँधेरे रास्ते पे जब कोई आया गया
जुगनुओं की रोशनी से सबको बहलाया गया

आचरण देखो, पतंगों पर बजाई तालियाँ
जब उड़ा कोई परिन्दा उसको धमकाया गया

आश्वासन के घड़े में डालकर वादों का जल
मुफ़लिसों की प्यास को इस तरह भड़काया गया

अपनी आँखें जब महाजन को चुका दीं ब्याज में
रोशनी का तब हमें भावार्थ समझाया गया

उँगलियाँ पत्थर की मेरी, हाथ भी पत्थर के थे
तेरा दर शीशे का था मुझसे न थपकाया गया

महानगर की इसी बात ने डराया है
जिसे भी देखिए यारो वही पराया है

हरेक शख़्स भटकता है जैसे प्यासा हिरन
कि ज़िन्दगी में यहाँ किसने चैन पाया है

हवाएँ देख रही हैं मुझे चकित होकर
कोई दीया मेरे हाथों पे टिमटिमाया है

मैं पत्थरों का मुकुट सर पे रखके आया हूँ
कि देखकर मुझे आईना कँपकँपाया है

ग़लत पते का मैं ख़त हूँ कि डाकिया मुझको
पराये हाथ में हर बार दे के आया है

तवील रास्तों की आनबान रहने दे
तू अपने पाँव में थोड़ी थकान रहने दे

मेरे मकान की छत को उतार ले बेशक!
कि मेरे सर पे खड़ा आसमान रहने दे

तुझे करेगा परेशान जब भी बोलेगा
मेरे ज़मीर को तू बेज़ुबान रहने दे

शिकारगाह न बन जाये ये शहर सारा
मकान चाहे बना पर मचान रहने दे

मेरी सच्चाई गर अपराध है तो ऐ मुंसिफ़
ले, हाथ काट ले, लेकिन ज़ुबान रहने दे

तेरा रस्ता सच का रस्ता तू सच की राह पे चल बाबा
इस कर्मकाण्ड के झगड़े से तू बचकर दूर निकल बाबा

बाज़ार कपट के सजते हैं, यहाँ झूठ के मेले लगते हैं
इस नगरी पे विश्वास न कर, तू इस नगरी से चल बाबा

कुछ लोग यहाँ पे ऐसे हैं जो साज़िशें करते रहते हैं
तू इन लोगों की संगत में ख़ुद को मत कर घायल बाबा

इन पत्थर के गुलदानों में सब फूल पड़े हैं काग़ज़ के
तू ख़ुशबू-वुशबू ढूँढ़े है, तू सचमुच है पागल बाबा

सब तान के चादर सोए हैं अपने-अपने श्मशानों में
इक बार बजा सच की डफ़ली इक बार तो कर हलचल बाबा

❑❑